몽구 글 · 메밀 그림

책을 시작하며

'별은 왜 반짝일까?', '물속에서 소리를 들을 수 있을까?' 이러한 재미있는 궁금증이 문득 떠오를 때가 있죠? 우리는 그 답을 책이나 인터넷을 통해서 찾을 수 있어요. 그럼 그 사실을 처음으로 밝혀낸 사람은 누굴까요? 바로 역사 속의 과학자와 수학자 들이에요. 먼 옛날부터 사람들은 호기심을 가지고 어떤 궁금증에 대한 답을 찾기 위해 노력해 왔어요. 그 결과로, 우리는 멋진 사실들을 알 수 있게 되었어요.

이과티콘은 과학과 수학을 배우면서 볼 수 있는 용어들을 이용한 말장난 이모티콘이에요. 귀여운 목성이 '그러면 목성~' 이라 말하며 고개를 젓고, 온도계가 '안영하세요~' 하고 인사하죠. 혹시 전에 이과티콘을 본 적 있으신가요? 그렇다면 이모티콘이 나타내는 용어가 어떤 뜻인지 궁금하지 않으셨나요? 『이과티콘 과학』은 이과티콘에 나오는 동작들의 뜻과 그에 대한 재미있는 사실들을 다룬 책이에요. 과학적인 사실은 아니지만 이과티콘이 나오게 된 과정을 다룬 만화도 있답니다!

그럼 이 책은 공부를 위한 책이냐고요? 음… 그렇기도 하고 아니기도 해요. 무슨 말인지 모르겠다고요? 이 책은 여러 지식을 다루고 있는 책이에요. 그래서 공부가 되죠. 하지만 긴장할 필요는 없어요. 그냥 재미있게 읽으면 되거든요! 글을 읽는 것이 힘들다면 그림을 위주로 봐도 되고, 중간중간에 나오는 만화를 위주로 읽어도 좋아요. 친구들이 원하는 방법으로 읽으면 되죠!

이제 책을 넘기면 우주, 화학, 수학, 인체 등 여러 주제에 대한 재미있는 이야기를 볼 수 있어요. 몇 천 년 동안 다양한 나라의 수많은 사람이 발견한 놀라운 사실들이 궁금하지 않으신가요? 그럼 빨리 읽어보자고요!

차례

- 책을 시작하며 ·················· 004

01 태양이랑 제일 친한 행성은 나야 나~ '**수성**' ·················· 010
02 안녕? 나는 샛별이라고 해 '**금성**' ·················· 012
03 유일하게 생명체가 살고 있다니 오지고요~ '**지구**' ·················· 014
04 행성계의 아이돌! '**화성**' ·················· 016
05 내가 태양계에서 제일 크다고! '**목성**' ·················· 018
06 신비로운 고리를 가진 행성 '**토성**' ·················· 020
07 누워서 데굴데굴 '**천왕성**' ·················· 022
08 태양계의 마지막 주자 '**해왕성**' ·················· 024
09 우주의 귀요미 난쟁이 행성! '**왜행성**' ·················· 026

태양계의 크기를 알아보자! ·················· 028

10 지구 너머의 수수께끼 '**우주**' ·················· 030
11 우주에서 가장 유명한 망원경은? '**허블우주망원경**' ·················· 032
12 생명체들이 있는 건 모두 내 덕이라고! '**해**' ·················· 034
13 밤하늘에 뜬 달을 보니 달달하네~ '**달**' ·················· 036
14 슈퍼히어로 등장인 줄 알았네! '**혜성**' ·················· 038
15 반짝반짝 아름답지만 작지는 않아! '**별**' ·················· 040

이과티콘의 탄생 1 ·················· 042

16 지구를 감싸고 있는 단단한 껍질 '**지각**' ·················· 044
17 온도에 따라 움직여요~ '**맨틀**' ·················· 046
18 사람은 엑스레이, 핵은 지진파? '**핵**' ·················· 048

| 19 | 지구를 지키는 보호막! '대기권' | 050 |
| 20 | 지구가 나를 끌어당기는 힘 '중력' | 052 |

판게아를 알아보자! ··· 054

21	세상을 이루는 가장 작은 단위 '원자'	056
22	목소리를 바꿔주는 마법의 기체 '헬륨'	058
23	혼자 있는 건 싫어 '탄소'	060
24	도시의 밤을 밝히는 아름다운 원소 '네온'	062
25	쇠라고도 부릅니다 '철'	064
26	권력의 상징이었다구리~ '구리'	066
27	신기하지만 위험한 금속 '수은'	068
28	인은 정말 매력적인 원소라고~ 인정? '인'	070
29	같은 원소지만 무게는 달라요 '동위원소'	072

주기율표를 알아보자! ··· 074

30	사과는 몇 개? 숙제는 몇 장? '자연수'	076
31	둘씩 모일 수 있을까? 없을까? '홀짝'	078
32	피자를 몇 조각으로 자를까? '분수'	080

이과티콘의 탄생 2 ··· 082

33	왜 맘대로 없어지는 거야! 어휴 정말~ '증발'	084
34	추우니까 붙어 있자 '응고'	086
35	자연이 만든 아름다운 보석 '결정'	088
36	물이 얼어버리는 온도라고요 '영하'	090

37 실험 없는 세상은 상상하기도 싫어 싫어 '**실험**' ······················ 092

38 실험실에 내가 없으면 안 되지~ '**비커**' ······························ 094

39 머리를 누르면 액체가 올라와요 '**피펫**' ···························· 096

40 불을 사용할 때는 항상 조심! '**알코올램프**' ······················· 098

41 사이다는 산일까 염기일까? '**리트머스**' ···························· 100

42 흙을 거를 수 있어요 '**거름종이**' ····································· 102

과학자의 재미있는 일화: 다윈 ··· 104

43 생각으로 몸을 움직여요 '**대뇌**' ······································ 106

44 빛에 따라 동공을 조절해요 '**중뇌**' ································· 108

45 키를 크게 해준다고? 시상에나! '**시상**' ··························· 110

뇌를 알아보자! ··· 112

46 넷이 모여 혈액을 운반해요 '**심장**' ································· 114

47 이건 무슨 소리일까? '**고막**' ··· 116

48 소중한 공기의 통로 '**폐**' ··· 118

49 우리 몸의 척척박사 '**간**' ·· 120

50 소화의 마지막 관문! '**소장**' ··· 122

51 대장! 마지막 찌꺼기가 들어왔습니다! '**대장**' ··················· 124

52 정자와 만나면 아기가 돼요 '**난자**' ································ 126

과학자의 재미있는 일화: 뉴턴 ··· 128

이과티콘 총집합! ·· 130

- 책을 마치며 ·· 134

몽구

언뜻 보면 곰처럼 보이지만
사실은 몽구스라는 동물이랍니다!
말장난과 과학을 좋아해 이과티콘을
기획하게 되었어요. 이과티콘의
아이디어를 담당하고 있어요.

메밀

메밀은 레서판다를 모티브로 만든
귀여운 캐릭터예요. 만화,
이모티콘, 일러스트 등
다양한 그림을 그리고 있답니다.
이과티콘에 개그 요소를 더하고,
그림이 귀엽게 움직이도록
그려내고 있어요.

01 태양이랑 제일 친한 행성은 나야 나~ '수성'

뭔가 수성한데

 ➡ 수상하게 생긴 이 행성은 뭘까? 달처럼 생겼지만, 엄연히 행성이라고!

수성은 태양계에서 태양과 가장 가까운 행성이야. 그래서 태양열도 제일 많이 받아. **수성이 가장 뜨거울 때는 온도가 무려 427도래!** 생각만 해도 땀이 주룩주룩 나는 것 같지 않아?

그런데 더 놀라운 사실이 있어. **밤에는 수성의 온도가 -173도까지 내려간다는 거야!** 이렇게 차이가 큰 이유는 뭘까? 바로 **온도를 유지시켜주는 대기가 거의 없기 때문이래.** 대기는 뒤에 더 자세히 나올 거니까. 기억해둬!

사실 수성은 불쌍한 행성이야. 처음 수성이 만들어졌을 때는 지금보다 크기가 훨씬 컸어. 하지만 커다란 미행성과 충돌하는 바람에 가벼운 부분이 날아가 버렸다지 뭐야!

02 안녕? 나는 샛별이라고 해 '금성'

눈물이 금성금썽

➤ 아주 아름다운 것을 보면 가슴이 뭉클해져. 밝게 빛나는 금성을 보면 금세 눈물이 글썽글썽 고인다니까?

금성은 태양과 달 다음으로 관찰하기 쉬운 행성이라 망원경이 없어도 볼 수 있어! 옛날 사람들은 금성을 해가 뜨기 전에 동쪽 하늘에서 보이면 샛별, 해가 진 후에 서쪽 하늘에서 보이면 태백성이라고 불렀어. 서양에서는 미의 여신인 비너스라고 부른대. 이렇게 아름다운 이름을 가진 행성이라니… 금성이 얼마나 밝게 빛나는지 알겠지?

하지만 겉보기에는 아름다울지 몰라도 알고 보면 금성은 무서운 행성이야. 왜냐하면 금성에는 무려 지름이 100km가 넘는 거대한 화산이 167개나 있거든. 그중에서도 맥스웰 산은 지구에서 가장 높은 에베레스트 산보다도 높아. 이런 화산이 폭발한다고 생각하니 무섭지 않아? 하지만 걱정 마. 금성은 지구랑 1억7000만km나 떨어져 있으니까! 아무리 큰 화산이 폭발한다고 해도 우리는 안전해!

03 유일하게 생명체가 살고 있다니 오지고요~ '지구'

5지구요

 ➡ 우주에서 가장 멋진 행성은 뭐니 뭐니 해도 지구 아니겠어? 지구! 아주 오지고요~

"지구는 푸른 빛이었다." 세계 최초의 우주 비행사인 유리 가가린이 지구를 보고 남긴 말이야. 푸른 지구는 아주 특별한 행성이야. 다들 알고 있겠지만, 지구에는 생명체가 살고 있어! 행성에서 생명체가 살기 위한 조건은 아주 까다롭다고 해. 과학자들은 아직 생명체가 사는 다른 어떤 행성도 찾지 못했어(의심 가는 행성은 꽤 있대!).

지구는 우주의 오아시스와 같아. 우리는 지구를 벗어나면 살 수가 없어. 그런데 환경오염으로 지구가 망가지면서 수많은 생물이 멸종 위기에 처해 있어.

지구와 생물을 지키기 위해서 무엇을 할 수 있을까? 생각보다 어렵지 않아! 일회용 종이컵 대신 텀블러를 이용하거나, 쓰지 않는 플러그를 뽑는 간단한 행동부터 시작하면 돼. 어때 정말 쉽지? 우리 다 같이 소중한 지구를 지키자!

일상에서 환경을 보호하는 방법

04 행성계의 아이돌! '화성'

화났성?

➔ 화성이 무언가 잘못했는지 얼굴이 붉게 물들었네?
혹시 화성이 너무 멀리 있어서 화났엉?

100년 전만 하더라도
사람들은 화성에 화성인과
그들이 만든 운하가 있다고
믿고 있었어. 그때는 망원경의
성능이 나빠서 화성 표면의
선들이 마치 운하처럼 보였던
거야. 화성인이 있을지도
모른다는 사실은 수많은 사람의
상상력과 호기심을 자극했어!

그래서 사람들은 화성에
탐사선을 여러 차례 보냈고,
**1965년 매리너 4호가 화성
표면을 최초로 찍는 데
성공했어!** 하지만 이게 웬걸?!
화성인과 운하는 온데간데없고
큰 구덩이만 있지 뭐야. 비록
지금까지 물을 발견하지는
못했지만, 사람들은 아직도
화성에 물이 숨겨져 있다고
생각해. 혹시 몰라? 나중에는
화성인과 셀카를 찍을지도
모르지.

05 내가 태양계에서 제일 크다고! '목성'

그러면 목성~~

 ➡ 이과티콘 정말 귀엽고 재밌지? 아니, 이과티콘이 뭔지 모르고 본 적도 없다고? 여러분, 거짓말하면 못써~~

목성은 태양계에서 가장 큰 행성이야! 우리가 사는 지구랑 비교하면 1,321배나 크고 318배나 무거워.

그런데 크기에 비하면 무게가 가볍지? 지구는 표면이 딱딱하고 무거운 암석으로 이루어져 있지만, 목성은 수소와 헬륨 같은 가벼운 기체로 이루어져 있어. 그래서 크기는 커도 가벼운 거야. 마치 풍선처럼!

그리고 지구의 달처럼 목성에도 달과 같은 위성이 있어. 몇 개인 줄 알아? 무려 79개야! 그중에서는 지구에서 쌍안경으로 볼 수 있는 큰 위성도 있어. 바로 유로파, 칼리스토, 이오, 가니메데야! 이 위성들은 1609년에 갈릴레오 갈릴레이가 발견해서 갈릴레이 위성이라고도 불러. 이 중에서 유로파는 표면이 얼음으로 덮여 있는데, 그 아래에는 바다가 있을지도 모른대!

06 신비로운 고리를 가진 행성 '토성'

불만 토성이야

 ➤ 다른 행성들은 불만투성이야.
"나도 토성처럼 멋진 고리를 가지고 싶어."
"왜 나는 고리가 없을까?"

태양계를 보면 커다란 훌라후프를 끼고 있는 행성이 있지? 바로 토성이야. 토성은 왜 고리를 끼고 있는 걸까? 건강을 위해서 운동이라도 하는 걸까? 아직 토성의 고리가 어떻게 만들어졌는지 과학자들도 결론을 내리지 못했어.

사실 고리를 가지고 있는 행성은 토성뿐만이 아니야. 목성, 천왕성, 해왕성도 모두 고리를 가지고 있어. 하지만 다른 행성들의 고리는 토성처럼 크고 뚜렷하게 보이지 않아. 그만큼 토성의 고리는 대단해!!

토성의 고리는 자세히 보면 더 멋있어. 하나처럼 보이지만 여러 개의 고리가 합쳐져 있거든! 이 고리들은 대부분 얼음으로 이루어져 있고, 계속해서 토성 주위를 돌고 있어. 마치 토성이 커다란 얼음으로 이루어진 훌라후프를 돌리는 것처럼!!

07 누워서 데굴데굴 '천왕성'

나 온천왕성

 → 따뜻한 온천에 몸을 담그면 정말 기분 좋을 거야! 그렇지? 그런데 천왕성은 온천에 가기에는 너무 크지만 말이야.

지구본을 돌리면 지구가 제자리에서 빙글빙글 돌아가지? 그걸 바로 자전이라고 해. 실제로 지구는 쉬지 않고 돌고 있어. 동시에 태양 주위를 커다랗게 도는 공전도 하고 있다고! 바쁘다 바빠~

자전할 때면 지구를 포함한 태양계의 행성들은 팽이나 발레리나가 돌 때처럼 옆으로 빙글빙글 돌아.

하지만 천왕성은 달라! 자전축이 거의 누워 있거든. 무슨 말이냐고? **천왕성은 누워 있는 채로 빙빙 돌고 있어!** 다른 행성들은 일어나서 열심히 돌고 있는데 말이야. 혼자 편하게 누워서 돌고 있다니!!

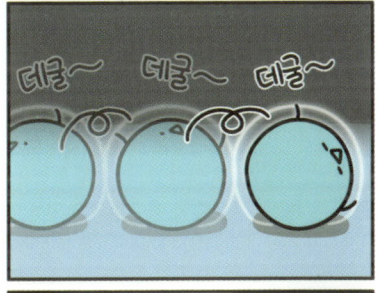

08 태양계의 마지막 주자 '해왕성'

사랑해왕성

→ 푸른 해왕성을 보면 사랑에 빠지고 말걸?
천왕성, 너를 사랑해 왔어~~~!

태양과 가장 멀리 떨어진 해왕성은 한자로 海(바다 해), 王(임금 왕), 星(별 성)이라고 써. 그야말로 바다의 왕자라는 뜻이지! **하지만 해왕성이 푸른색을 띠는 것은 바다가 아닌 메탄 때문이야.**

그리고 해왕성의 위성인 트리톤에는 특별한 호수가 있다고

해. 바로 메탄과 암모니아로 이루어진 호수야. 트리톤에서 이런 호수가 존재할 수 있는 이유는, **따뜻한 지구에서는 메탄과 암모니아가 대부분 기체 상태로 존재하지만, 표면 온도가 −235도인 트리톤에서는 액체 상태로 존재하기 때문이야.**

메탄과 암모니아로 이루어진 호수가 어떨지 궁금하지 않아? 사실 지구에서도 살짝 체험해볼 수 있어. 바로 화장실에 가면 돼. 메탄과 암모니아는 똥과 오줌에서 나는 악취의 주범이거든! 즉, 이 호수는 엄청나게 추운 화장실인 셈이지!

09 우주의 귀요미 난쟁이 행성!
'왜행성'

그런 짓을 왜행성

→ 사실 그렇게 작지도 않은데! 왜행성이라고 왜 했어?
이왕 할 거면 멋쟁이 행성이라고 불러주지!

1930년, 명왕성이라는 천체가 발견되었고, 태양계의 9번째 행성으로 인정받았어. 하지만 2006년 행성에 대한 정의가 바뀌면서 명왕성은 행성이 아닌 왜행성(왜소행성이라고도 해)으로 분류됐어.

그리고 명왕성은 '왜행성 134340'이라는 번호를 받았어. 번호를 보면 알겠지만 명왕성 말고도 마케마케, 세레스, 에리스 등의 다양한 왜행성이 존재하고 있어.

그럼 어떤 천체들을 왜행성이라고 부를까? 왜행성들은 태양을 중심으로 공전하고, 모양을 구형으로 유지할 수 있을 정도의 질량이 있어야 해. 이어서 궤도 주변의 다른 천체들을 끌어들이지 못하고, 다른 행성의 위성은 아니어야 하지. 이렇게 네 가지의 조건을 충족시키면 왜행성이 될 수 있어.

태양계의 크기를 알아보자!

10 지구 너머의 수수께끼 '우주'

우주 플리즈~?

➤ 우주를 보러 천문대에 가고 싶다고?
부모님께 우주 플리즈~? 하고 부탁드려봐!

고대 인도 사람들은 거대한 코끼리가 지구를 받치고 있다고 생각했어. 그리고 그 코끼리 아래에는 아주 큰 거북이가 있고, 그 거북이 아래에는 아주아주 큰 뱀이 있고… 지금이야 누가 이렇게 말한다면 말도 안 된다고 하겠지만, 옛날 사람들은 우주를 알 방법이 없었으니까!

옛날에는 지구가 우주의 중심이고, 지구 주위를 태양, 달, 별 등이 돌고 있다는 천동설이 대세였어. 그럼 태양을 중심으로 지구가 돌고 있다는 사실은 누가 처음 알아냈을까?

바로 지동설로 유명한 니콜라우스 코페르니쿠스야! 이후에 갈릴레이와 뉴턴이 지동설의 증거를 찾으면서 현재의 우주관이 완성되었어! 이 과학자들이 아니었다면 우리는 아직도 지구가 우주의 중심이라고 믿었을 거라고~!

11 우주에서 가장 유명한 망원경은?
'허블우주망원경'

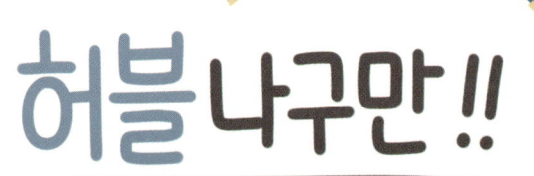

➡ '허벌나네'라고 들어본 적 있어? 이 말은 어떤 게 많거나 정도가 심할 때 쓰는 전라도 사투리야. 허블우주망원경처럼 크고 멋진 망원경과 딱 어울리지.

허블우주망원경(허블이라고 할게)은 우주뿐만 아니라 역사상 가장 유명할 거야! 허블이 찍어서 보내 준 사진들로 우주의 나이가 138억 살이고, 우주가 계속 커지고 있다는 사실을 알게 됐어!

우주에서 날아오는 여러 가지 빛은 대기층에 흡수되거나 차단돼. 그래서 과학자들은 우주를 제대로 보기 위해 1990년 4월 24일, 허블을 우주선에 태워서 날려 보냈어. 참고로 우주에는 다른 우주 망원경도 많이 있어.

그런데 조금 슬픈 얘기지만, 30년 동안 열심히 우주를 관측한 허블은 앞으로 10년 안에 은퇴할 거야. 우주선에 다시 태워 지구로 가는 게 아니라 그냥 지구로 서서히 추락해버려… 허블나구만!!

토성

막대 나선 은하 M83

오리온 성운

12 생명체들이 있는 건 모두 내 덕이라고! '해'

해 해

➜ 웃음소리는 정말 다양해! 귀여운 걸 볼 때면 헤헤~ 하고 웃지. 이과티콘은 정말 귀여워 헤헤.

여름에는 햇볕이 너무 뜨거워! 해가 콱 없어져 버렸으면…
그런데 진짜로 태양이 없어지면 어떻게 될까? '날씨가
추워지고 깜깜하겠지.' 정도로 생각하는 건 큰 오산이야!

태양이 없어지면 식물이 없어지고 말 거야. 식물이 없어지면
식물을 먹는 동물들도 굶게 되겠지. 또 산소도 부족해질 거야.
식물은 산소를 만드니까. 심지어는 구름도 없어질 거야.
구름은 태양열에 의해 만들어지거든. 구름이 없어지면 당연히
비도 내리지 않겠지?

믿기지 않겠지만 태양은 정말로 없어질 거야. 50억 년 뒤에
에너지를 다 써버린 태양은 커졌다가 작아졌다가를
반복하다가 생을 마감하게 될 거래. 그러니까 너무
덥더라도 태양한테 불평하지는 말자고!

13 밤하늘에 뜬 달을 보니 달달하네~ '달'

달달하네

→ '달달하다'는 달다는 뜻의 강원도, 경상도, 충청북도에서 쓰는 사투리야. 기분이 좋아지는 것을 볼 때도 달달하다고 해. 하늘을 아름답게 밝히는 달을 보니까 달달해~

1969년 7월 20일 오후 10시 56분, 달 착륙선의 문이 열리고 한 남자의 모습이 보였어. 바로 우주 비행사 닐 암스트롱이었지. 그는 착륙선에서 나와 달에 인류 최초로 발자국을 남기면서, "이것은 한 사람에게는 작은 한 걸음이지만, 인류에게는 위대한 도약입니다."라는 메시지를 지구에 보냈어. 암스트롱은 뒤따라서 나온 우주 비행사 올드린과 함께 2시간 30분 동안 달을 조사하고 지구로 무사히 돌아왔어.

근데 그거 알아? 달은 자전 주기와 공전 주기가 같아. 그렇기 때문에 지구에서는 달의 한쪽 면만 볼 수 있어. 우주에서 달의 반대편 사진을 보내 주기 전까지 우리는 달의 반대편이 어떻게 생겼는지 알 수 없었어. 하지만 큰 기대는 하지 마. 반대편도 우리가 알고 있는 모습이랑 크게 다르지 않으니까~

14 슈퍼히어로 등장인 줄 알았네! '혜성'

 ▶ 혜성은 가끔 등장해서 더 보기 힘들어. 으응? 본 적 있다고? 참! 잘했어요~

"혜성처럼 나타난 영웅!"이라는 말 들어본 적 있어? 갑자기 큰 두각을 드러내는 사람을 혜성 같다고 해. 근데 왜 하필 혜성일까? 혜성의 사진을 본다면 바로 이해할 수 있을 거야. 어두운 하늘에 길고 아름다운 꼬리를 뽐내는 혜성을 보고 있으면 어느새 빠져들게 되거든!

혜성은 큰 타원 모양을 그리며 태양 주위를 돌고 있어. **혜성의 핵은 얼음과 먼지로 이루어져 있는데, 차가운 혜성이 태양에 가까워지면 혜성의 표면이 증발하기 시작하면서 기체와 얼어 있던 먼지가 함께 방출돼.**

여기서 혜성이 태양과 더 가까워지면 혜성이 받는 압력이 커져. 그럼 기체가 압력에 의해 날려지면서 꼬리가 생기게 되는 거야.

15 반짝반짝 아름답지만 작지는 않아! '별'

별로…

➡ 반짝반짝 작은 별~ 좋은 노래지? 하지만 별이 들으면 '나는 별로 안 작은데' 하고 슬퍼할지도?

"별이 뭐야?"라고 물어보면 어떻게 대답할래? 혹시 "지구랑 태양이랑 달이랑 화성 같은 거!"라고 대답하려고 했어? 그렇다면 하나만 맞고 나머지는 틀렸어. 지구, 태양, 달, 화성중 태양만 별이거든!

별은 스스로 빛나는 천체를 뜻해. 달도 밝게 빛나는데 왜 별이 아니냐고? 사실 달이 빛나는 이유는 스스로 빛나서가 아니라, 태양 빛이 반사되었기 때문이야. 반면에 태양은 스스로 빛나고 있어.

태양은 아주아주 큰데 별은 작지? 사실 별은 우리가 생각하는 것보다 훨씬 커. 태양은 우리랑 가까이 있으니까 가장 크게 보일 뿐이야. **정말 작은 별이 알고 보면 태양보다 몇 십 배나 더 클 수도 있다고!** 역시 사람이든 별이든 가까이에서 보지 않으면 모르는 법이라니까!

이과티콘의 탄생 1

16 지구를 감싸고 있는 단단한 껍질 '지각'

지각이다

 ➡ 푹 자고 일어났더니 평소보다 늦게 일어났지 뭐야!
지각이다~ 지각이야~

지구의 내부는 지각, 맨틀, 외핵, 내핵으로 구분할 수 있어.

가장 바깥층인 지각은 지구의 껍질이야. 지각은 우리가 밟고 있는 대륙지각과 바다 아래 땅인 해양지각으로 나눌 수 있어. 대륙지각은 해양지각보다 두껍고 주로 화강암질의 암석으로 이루어져 있어. 이에 반해 해양지각은 얇고(물론 대륙지각에 비해 얇은 거지, 실제로 보면 엄청 두꺼울 거라고) 현무암질의 암석으로 이루어져 있어.

대륙지각에서 주변보다 높이 솟아 있는 부분을 산이라고 해. 우리나라에는 백두산, 설악산, 관악산 등이 있어. 이런 산들이 길게 이어져 있으면 산맥이라고 불러. 태백산맥은 경상남도에서 북한까지 이어지는 큰 산맥이야. 이 산맥에는 태백산, 금강산, 설악산 등의 유명한 산들이 있어. 나중에 통일이 되면 태백산맥을 따라 여행을 할 수도 있지 않을까?

17 온도에 따라 움직여요~ '맨틀'

맨틀 붕괴

 ➔ 정신을 영어로 '멘탈'이라고 해. 동생이 내 장난감을 고장 내면 그야말로 멘탈 붕괴!!!

지각 아래층을 맨틀이라고 불러. **맨틀은 지구 부피의 83%를 차지하고 있어.** 앞에서 본 지각은 지구 부피의 1%도 안 된대. 그러니 맨틀이 얼마나 클지는 상상조차 할 수 없다고!!

맨틀은 흐를 수 있는 고체로 이루어져 있어. 액체 괴물 같은 거지. 맨틀은 부피가 크다고 했지? 그만큼 맨틀의 윗부분과 아랫부분의 온도 차이가 커. 핵과 가까이에 있는 아래쪽 맨틀은 아주 뜨겁지만, 핵과 멀리 떨어져 있는 위쪽 맨틀은 차가워.

그래서 아랫부분의 맨틀은 위로 올라가려고 하고, 윗부분의 맨틀은 아래로 내려가려는 대류 운동이 일어나. 마치 온탕에 있으면 냉탕에 들어가고 싶어지고, 냉탕에 있으면 온탕에 들어가고 싶은 것처럼!

18 사람은 엑스레이, 핵은 지진파?
'핵'

해액?!

 ➔ 그거 알아? 지진으로 지구가 어떻게 생겼는지를 알 수 있대!! 해애애애액~ 진짜?

지구의 가장 깊은 곳인 핵은 어떤 모습일까? 핵은 액체로 이루어진 외핵과 고체로 이루어진 내핵이 있어. 그런데 핵이 액체인지 고체인지 어떻게 알았을까? 직접 핵까지 가본 걸까?

내핵까지 들어가려면 5,000km가 넘게 파고 들어가야 해. 하지만 사람이 가장 깊게 판 구덩이는 겨우 13km 정도야.

그래서 과학자들은 병원에서 엑스레이를 통해 우리 몸을 확인하는 것처럼, 지진이 일어날 때 발생하는 파동인 지진파가 지구 내부에 퍼지는 모습을 연구했어. 그 덕분에 외핵은 액체이고 내핵은 고체라는 것을 알게 된 거야. 신기하지?

19 지구를 지키는 보호막! '대기권'

➡ 혹시 간지럼 잘 참아? 발바닥을 간질간질하는 건 정말 참기 힘들다고!! 난 기권~~~

크게 숨을 들이마시고
내쉬어볼까?
스으으으읍~
하아아아아~ 우리가
숨을 쉴 수 있는 이유는
대기가 있기 때문이야.
대기는 지구를 둘러싸고
있는 여러 기체를 뜻해.
대기가 있는 부분을
대기권이라고 해.

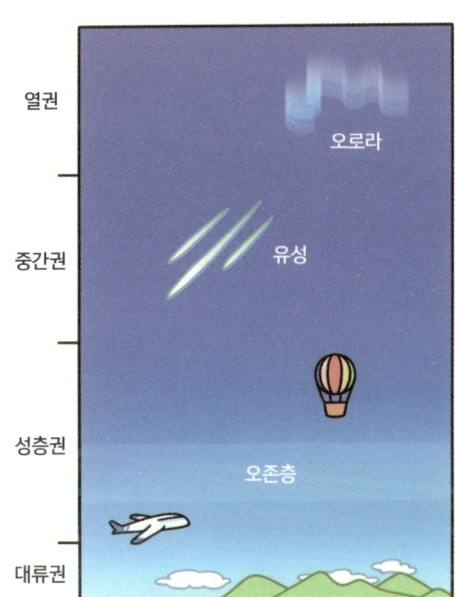

**대기는 질소,
산소, 아르곤,
이산화탄소 등으로 이루어져 있어.**
대기에 산소가 있기 때문에 우리는 숨을 쉴 수 있어.

지구의 대기권은 네 개의 권역으로 이루어져 있어. **기상
현상이 일어나는 대류권, 비행기의 길인 성층권,
유성이 관찰되는 중간권, 마지막으로 오로라가
생기는 열권이 있어.**

대기권은 우주에서 오는 해로운 빛을 흡수하고, 지구를 골고루
따뜻하게 만들어줘. 심지어 운석이 충돌하는 것을 막아주기도
해. 한마디로 생명체가 살아가기 위한 보호막이야!

20 지구가 나를 끌어당기는 힘 '중력'

침대 중력 5g네

→ g는 중력을 표시하는 단위야. 5g는 우리가 느끼는 중력의 다섯 배!! 침대에서 일어나기 싫은 이유는 내가 게을러서가 아니야! 중력이 너무 강해서라고!

혹시 농구 경기를 본 적 있어? 선수들이 농구장을 멋지게 뛰어다니다 슛을 넣으면 박수가 절로 나와! 특히 덩크슛을 성공하면 입이 떡 벌어져! 왜냐하면 덩크슛은 엄청나게 어렵거든. 그런데 농구 선수처럼 키가 크고 실력이 좋지 않아도 덩크슛을 할 수 있는 방법이 있어. 바로 달에 가면 돼!

달은 중력이 지구의 6분의 1 정도야. 여기서 중력은 땅이 잡아당기는 힘을 뜻해. 그래서 달에서는 지구에서보다 6배는 높게 뛸 수 있어! 달에 간 우주 비행사들은 그냥 걸어 다녔을 뿐인데 높게 뛰는 것처럼 보였대! 하지만 달에 있으면 뼈와 근육이 약해지니까 너무 오래 있으면 안 돼!

판게아를 알아보자!

지구의 대륙들은 끊임없이 움직이고 있어.
그럼 2억 7천만 년 동안 어떻게 변화해 왔는지 알아보자고!

1억 5천만 년 전, 하나였던 판게아는 북쪽의 로라시아와 남쪽의 곤드와나로 나누어졌어.

2억 7천만 년 전, 대륙들이 모여 판게아라는 하나의 큰 대륙을 이루고 있었어.

5천만 년 전, 현재와 같은 모습이 갖춰지기 시작했어.

현재

현재 지구에는 아시아, 유럽, 북아메리카, 남아메리카, 아프리카, 오스트레일리아, 남극까지 총 7개의 대륙이 있어.

21 세상을 이루는 가장 작은 단위 '원자'

구원자

위험에 빠졌을 때 구해주는 사람을 구원자라고 해. 원자가 없었으면 이 세상이 없었을 거야. 원자는 세상의 구원자라고!

종이를 반으로 잘라볼까? 다시 한번 잘라볼게. 이렇게 계속 자르다 보면 종이가 엄청나게 작은 조각이 될 거야. 그리고 언젠가 더는 나눌 수 없을 정도로 작은 조각이 되겠지.

이렇게 더 나눌 수 없는 알갱이를 원자라고 불러. 원자는 물질을 이루는 가장 작은 입자야. 다르게 말하면 모든 물질은 원자로 이루어져 있어. 컵도 돌멩이도 심지어는 사람도 말이지.

지구에는 다양한 원자가 있는데, 과학자들은 원자의 성분에 따라서 특정한 번호를 붙여서 원소라고 부르고 있어. 수소는 1번, 헬륨은 2번. 이렇게 총 118번까지 있어. 이 118가지의 원소를 보기 쉽게 나타낸 표를 '주기율표'라고 해.

그럼 지금부터 몇 가지 원소들에 대해 알아볼게!

22 목소리를 바꿔주는 '헬륨' 마법의 기체

해피 헬륨윈~

➡ 해피 핼러윈~ 핼러윈은 미국의 축제야. 재미있는 분장하고 집집마다 돌아다니면서 '트릭 오어 트릿~' 이라고 말하면 사탕을 받을 수 있대! 재미있겠지?

놀이공원에 가면 재미있는 놀이기구와 맛있는 음식들이 많이 있지? 하지만 가장 가지고 싶은 것은 풍선 아니겠어? 둥둥 떠 있는 풍선은 보기만 해도 기분이 좋아~

그런데 풍선은 어떻게 떠 있을까? 그건 바로 헬륨이 들어 있기 때문이야. 헬륨은 아주 가벼운 기체야. 어른들이 옆에 있을 때 풍선에 들어 있는 헬륨을 조금 마셔봐. 말을 하면 앵무새 같은 목소리가 나올 거야.

이렇게 소리가 변하는 이유는 헬륨이 공기보다 가볍기 때문이야.
소리가 헬륨을 통과할 때는 공기에서보다 3배 정도 빠르거든. 그래서 평소보다 높은 소리를 낼 수 있는 거야.

23 혼자 있는 건 싫어 '탄소'

탄소를 탄 소

→ 사실 탄소는 어마어마하게 작아서 소가 탈 수는 없어. 하지만 귀여우니 봐주자고.

탄소는 친화력이 뛰어난 원소야. 다른 원소들과 함께 붙어 있기를 좋아해. 그래서 탄소가 결합해서 만들어진 물질들을 연구하는 유기화학이라는 분야가 따로 있을 정도야!

탄소는 다른 원소뿐만 아니라, 탄소끼리 결합하는 것도 좋아해. 탄소로만 이루어져 있는 물질은 대표적으로 다이아몬드와 흑연이 있어. 다이아몬드는 탄소끼리 치밀하게 연결되어 있고, 흑연은 탄소가 여러 겹의 판으로 되어 있어.

그럼 흑연을 다이아몬드로 바꿀 수 있지 않을까? 맞아, 가능해! 그런데 왜 모든 흑연을 다이아몬드로 바꾸지 않냐고? 흑연을 다이아몬드로 바꾸는 건 힘들고 돈도 많이 들어가. 그래서 바꿀 수 있어도 바꾸지 않는 거야. 그래도 나중에 기술이 발달하면 다이아몬드 연필로 글씨를 쓰고 있을지도~

24 도시의 밤을 밝히는 아름다운 원소 '네온'

 ➜ 뭐어? 오늘 숙제가 있었어? 완전히 까먹었다! 급하게 했지만, 이번 숙제는 망했네요. 다음부터는 꼼꼼하게 챙겨야지.

어두운 밤이 되면 도시에서 반짝이는 글씨들이 보이기 시작해. 네온사인 말이야! 네온사인은 10번째 원소인 네온으로 만들어진 간판이나 표지판을 뜻해.

네온은 혼자 있는 걸 좋아해. 다른 원자들과 결합하지 않아. **네온처럼 다른 원자와 결합하지 않는 원소들은 대부분 기체 상태로 존재해.** 과학자들은 네온에 전류를 보내면 주황색으로 빛난다는 사실을 알아냈어. 이런 특성을 이용해서 네온사인을 만든 거야.

그런데 우리가 알고 있는 네온사인은 주황색 말고도 분홍색이나 녹색처럼 색깔이 다양하지? 이는 질소, 아르곤, 수은 등의 다른 원소들을 이용했기 때문이야. 하지만 네온질소아르곤수은사인이라고 부르기에는 너무 길어서 네온사인이라고 부르는 거야!

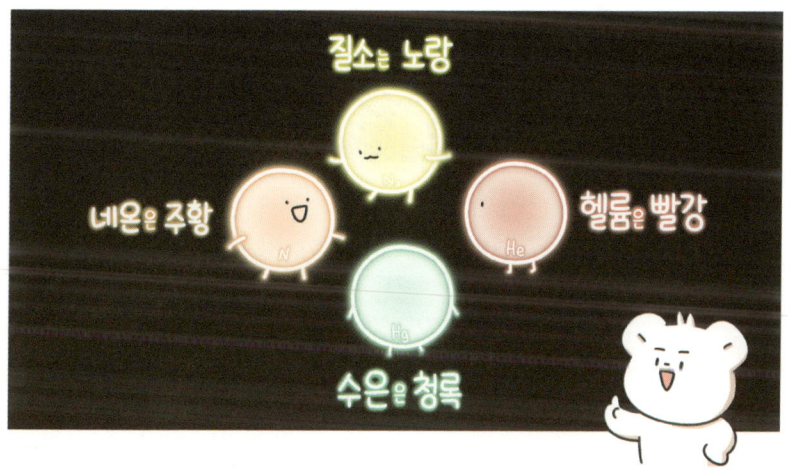

25 쇠라고도 부릅니다 '철'

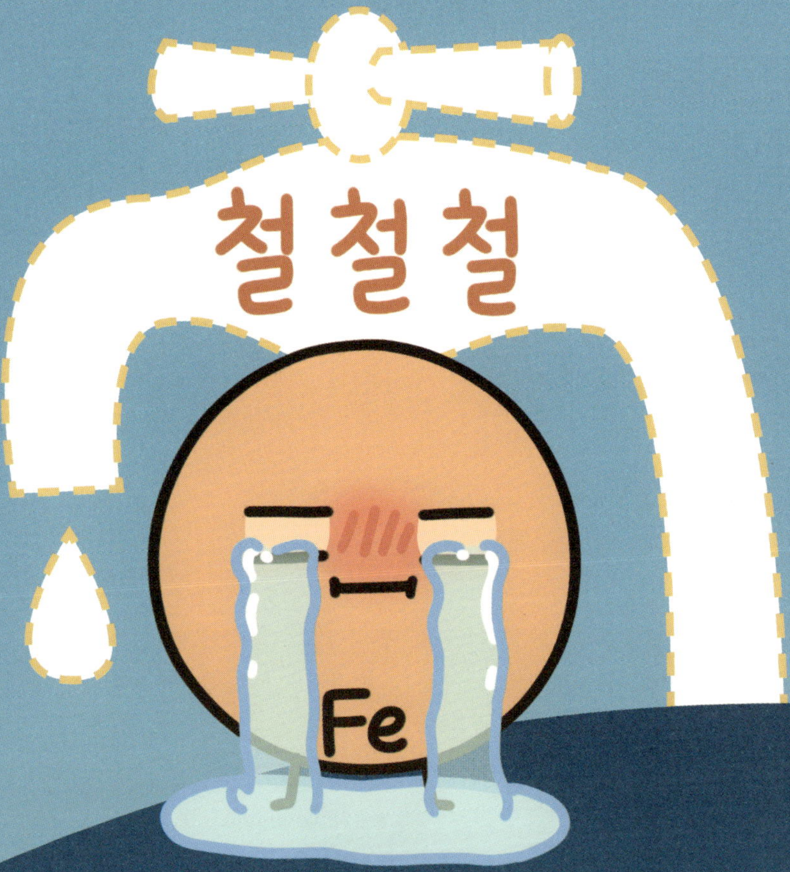

철 철 철

Fe

 → 일요일은 너무 빨리 지나가 버려! 또 주말을 기다려야겠네. 눈물이 철철철~

철을 찾는 건 매우 쉬워! 스마트폰, 지하철, 건물 등 어느 곳을 가더라도 철을 찾아볼 수 있어. 심지어는 우리 몸 안에도 있다고!

혹시 다쳐서 피가 났을 때 피를 살짝 먹어 본 적 있어? **철 맛이 날 텐데 그건 핏속에 있는 적혈구 때문이야.** 적혈구는 산소와 이산화탄소를 세포에 전달해주는

택배기사라고 할 수 있어. 산소와 이산화탄소를 운반하기 위해서는 붙잡을 팔이 필요하겠지? 그 팔이 바로 철로 되어 있어! 그래서 피에서 철 맛이 나는 거야. 철로 된 팔이라니 정말 멋있어!!

적혈구의 다른 비밀을 알려줄까? **적혈구가 철로 된 팔을 이용해서 산소를 잡으면 빨간색으로 변한대.** 그래서 피가 빨간색인 거지! 유레카!!

26 권력의 상징이었다구리~ '구리'

구리다.

Cu

 행동이 더럽고 지저분할 때 '구리다'라고 해. 아니, 왜 하필 구리야? 정말 구리다~~

천 년 전, 사람들의 얼굴에 근심이
가득했어. 농사를 지어야 하는데 비가
오지 않았거든. 그때 저 멀리 제사장이
등장했어. 제사장은 한 손에는 청동
거울을, 다른 손에는 청동으로 만든
방울을 들고 있었지.

청동거울

사람들은 제사장을 보고 수군거렸어.
"저 청동거울 좀 봐. 너무 이쁘다. 저
거울 하나가 쌀 100가마니나 된다며?"
그때, 제사장은 거울과 방울을 높게
들며 외쳤어. "하늘이시여 비를 내려
주소서!!!!"

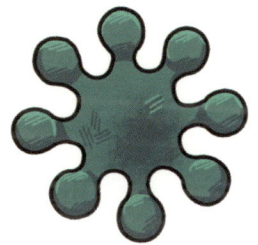

청동방울

청동은 구리와 주석이 합쳐진 합금이야. 합금은 말 그대로 금속을 합쳤다는 걸 뜻해. 원래 청동은 아주 중요한 물질이었어. 석기 시대의 다음인 청동기 시대를 열 수 있게 해줬거든. 당시에 청동은 제사장이나 부자들만 쓸 수 있는 아주 귀한 재료였어.

하지만 지금은 동전이나 전선 등을 만들 때 구리를 써. 그만큼 흔한 물질이 됐어. 아마 구리는 청동기 시대를 그리워하고 있을 거야.

27 신기하지만 위험한 금속 '수은'

그럴 수은 없어

 ➡ 수은이 아름다우니까 가까이에서 보고 싶다고?
그럴 수는 없어.

수은은 신기한 금속이야. 물처럼 흐르거든! 그래서 건전지, 형광등, 온도계 등 다양한 곳에서 쓰였어. 그런데 수은이 들어간 생선이나 조개를 먹은 사람들이 죽거나 불구가 되는 미나마타병에 걸리기 시작한 거야! 그 이후에 사람들은 수은을 점점 줄여나갔어.

온도계도 수은 대신에 알코올 온도계나 전자 온도계로 바꾸기 시작했어. 하지만 아직도 수은 온도계를 쓰는 곳이 남아 있어. 만약 수은 온도계가 깨져서 수은이 누출된다면 어떻게 해야 할까? 그 자리를 벗어난 뒤에 112 혹은 119에 전화를 해야 해.

하지만 무엇보다도 중요한 것은 예방이야. 혹시나 수은 온도계를 보면 어른들께 말씀을 드린 뒤, 다른 온도계로 바꿔야 해. 그럼 안전하게 온도를 확인할 수 있을 거야!

28 인은 정말 매력적인 원소라고~ 인정? '인'

인정

→ 과학은 정말 매력적인 과목이지? 알면 알수록 흥미롭다고! 과학의 재미 인정!

인은 그리스어로 빛의 전달자로 불리고, 성냥이나 조명탄을 만들 때 쓰여. 그럼 위험한 물질일까? 그렇지 않아. 인은 우리 몸속에도 있거든.

DNA라고 들어봤어? 세포들이 몸을 만들기 위해 읽는 조립서야. DNA를 읽으면 키는 얼마나 클지, 손가락은 얼마나 길지, 눈동자는 무슨 색일지를 알 수 있어. 인은 DNA를 만드는 재료 중 하나야.

인은 DNA 말고도 식물을 자라게 하는 비료, 동물의 뼈와 치아, 유리, 콜라, 치약, 세제 등등 여러 물질을 만드는 데 쓰여. 그러니 인을 위험한 물질이라고 할 수 없어! 인은 거칠 때도 있지만 부드러운 면도 있는 매력적인 원소니까! 인정? 어, 인정!!

29 같은 원소지만 무게는 달라요 '동위원소'

동위? 어 원소~

¹H   ²H

 → 과학도 과학이지만 수학도 정말 재미있어! 동의해? 아니라고? 이 책을 다 읽고 나면 동의하게 될 걸?

원자들은 평균적인 무게가 있고, 이를 질량수라고 불러. 동위원소는 같은 원소이지만 질량수가 다른 것을 뜻해.

예를 들면 수소의 평균 무게는 1이야. 여기서 조금 더 무거워지면 무게가 2가 되고(이를 중수소라고 불러) 더 무거워지면 무게가 3이 돼(이를 삼중수소라고 불러). 하지만 무게가 3인 삼중수소는 너무 무거워서 불안정해. 그래서 평균 무게가 2인 헬륨으로 변하려고 해. 이렇게 다른 종류로 변하려는 원소를 방사성 동위원소라고 불러.

동위원소를 이용하면 화석의 나이도 알고, 몸속에 있는 암세포도 찾을 수 있어!

주기율표를 알아보자!

와! 원소가 정말 다양하구나~

1 H 수소								
3 Li 리튬	4 Be 베릴륨							
11 Na 소듐	12 Mg 마그네슘							
19 K 포타슘	20 Ca 칼슘	21 Sc 스칸듐	22 Ti 타이타늄	23 V 바나듐	24 Cr 크로뮴	25 Mn 망가니즈	26 Fe 철	27 Co 코발트
37 Rb 루비듐	38 Sr 스트론듐	39 Y 이트륨	40 Zr 지르코늄	41 Nb 나이오븀	42 Mo 몰리브데넘	43 Tc 테크네튬	44 Ru 루테늄	45 Rh 로듐
55 Cs 세슘	56 Ba 바륨	57-71 란타넘족	72 Hf 하프늄	73 Ta 탄탈럼	74 W 텅스텐	75 Re 레늄	76 Os 오스뮴	77 Ir 이리듐
87 Fr 프랑슘	88 Ra 라듐	89-103 악티늄족	104 Rf 러더포듐	105 Db 두브늄	106 Sg 시보귬	107 Bh 보륨	108 Hs 하슘	109 Mt 마이트너륨

57 La 란타넘	58 Ce 세륨	59 Pr 프라세오디뮴	60 Nd 네오디뮴	61 Pm 프로메튬	62 Sm 사마륨	63 Eu 유로퓸
89 Ac 악티늄	90 Th 토륨	91 Pa 프로트악티늄	92 U 우라늄	93 Np 넵투늄	94 Pu 플루토늄	95 Am 아메리슘

"주기율표는 원소의 무게와 특성에 따라서 만들었어."

					2 He 헬륨
5 B 붕소	6 C 탄소	7 N 질소	8 O 산소	9 F 플루오린	10 Ne 네온
13 Al 알루미늄	14 Si 규소	15 P 인	16 S 황	17 Cl 염소	18 Ar 아르곤

28 Ni 니켈	29 Cu 구리	30 Zn 아연	31 Ga 갈륨	32 Ge 저마늄	33 As 비소	34 Se 셀레늄	35 Br 브로민	36 Kr 크립톤
46 Pd 팔라듐	47 Ag 은	48 Cd 카드뮴	49 In 인듐	50 Sn 주석	51 Sb 안티모니	52 Te 텔루륨	53 I 아이오딘	54 Xe 제논
78 Pt 백금	79 Au 금	80 Hg 수은	81 Tl 탈륨	82 Pb 납	83 Bi 비스무트	84 Po 폴로늄	85 At 아스타틴	86 Rn 라돈
110 Ds 다름슈타튬	111 Rg 뢴트게늄	112 Cn 코페르니슘	113 Nh 니호늄	114 Fl 플레로븀	115 Mc 모스코븀	116 Lv 리버모륨	117 Ts 테네신	118 Og 오가네손

64 Gd 가돌리늄	65 Tb 터븀	66 Dy 디스프로슘	67 Ho 홀뮴	68 Er 어븀	69 Tm 툴륨	70 Yb 이터븀	71 Lu 루테튬
96 Cm 퀴륨	97 Bk 버클륨	98 Cf 캘리포늄	99 Es 아인슈타이늄	100 Fm 페르뮴	101 Md 멘델레븀	102 No 노벨륨	103 Lr 로렌슘

30 사과는 몇 개? 숙제는 몇 장? '자연수'

휴 자연수러웠다

→ 맨 처음에 생긴 숫자는 뭘까? 당연히 자연수지! 이름처럼 자연스럽게 생겨났어.

1, 2, 3, 4, 5, 6, 7, 8, 9, 10! **자연수는 우리가 셀 수 있는 숫자야.** 사과가 2개, 옥수수가 5개 등등. 더 큰 자연수도 볼까? 우리나라 사람들은 51,780,579명. 전 세계에서 인구가 가장 많은 중국 사람들은 1,439,323,776명.

이렇게 큰 수는 어떻게 읽어야 할까? 뒤에서부터 일, 십, 백, 천, 만이라고 읽어. 만부터는 일만, 십만, 백만, 천만처럼 각 단위에 일, 십, 백, 천을 붙이면 돼. 만의 다음으로는 억, 조, 경, 해가 있어. 여기에도 마찬가지로 일, 십, 백, 천을 붙이면 돼. 일억, 십억, 백억, 천억!

자, 그럼! 중국 인구는 십 사억 삼천 구백 삼십 이만 삼천 칠백 칠십 여섯 명이야. 헉헉, 소리 내서 읽었더니 너무 숨차!

31 둘씩 모일 수 있을까? 없을까? '홀짝'

 ➡ 내 초콜릿을 누가 몰래 먹은 줄 알고 훌쩍훌쩍 울었어. 근데 알고 보니 바닥에 떨어져서 안 보인 거였어!

홀수는 1, 3, 5, 7, 9와 같이 둘씩 짝지어지지 않는 수를 뜻해. 그럼 짝수는? 2, 4, 6, 8, 10처럼 둘씩 짝지을 수 있어!

홀수와 짝수 사이에는 신기한 법칙이 있는데, 홀수와 홀수를 더하면 항상 짝수가 나와.

1 + 3 = 4, 5 + 7 = 12

홀수와 홀수를 빼도 항상 짝수만 나와!

3 - 1 = 2, 9 - 3 = 6

그럼 짝수는 어떨까? 짝수는 짝수끼리 더하거나 빼거나 항상 짝수가 나와.

6 + 2 = 8, 8 - 4 = 4

마지막으로 홀수와 짝수를 살펴볼까? 홀수와 짝수는 더하거나 빼거나 항상 홀수가 나와.

3 + 6 = 9, 10 - 3 = 7

신기하지? 앞에 나온 숫자들 말고 다양하게 계산해봐!

32 피자를 몇 조각으로 자를까? '분수'

→ 분수쇼를 본 적 있어? 화려한 물줄기를 보면 넋을 놓고 보게 돼~ 수학의 분수도 그만큼 찬란해!

땡동~ 초인종이 울리네. 아까 주문한 피자가 왔나봐! 설레는 마음으로 박스를 열었더니 피자가 10조각으로 나누어져 있네? 이때 한 조각을 피자의 $\frac{1}{10}$이라고 해. 10개로 나눈 것 중 하나라는 뜻이야.

이렇게 조각을 나타낼 때 쓰는 숫자를 분수라고 해. 아래 숫자는 분모라고 하고 조각을 몇 개로 나눴는지, 위의 숫자는 분자라고 하고 조각이 몇 개 있는지 보여줘.

이 피자의 종류는!?!?

피자 얘기로 돌아가 볼까? 피자 3조각을 먹으면 $\frac{3}{10}$만큼 먹은 거야! 10개로 나뉜 조각 중에 3개를 먹었다는 뜻이야.

이렇게 분수를 이용하면 얼마만큼 나눴고, 그중 얼마를 가지고 갔는지를 쉽게 알 수 있어. **분수는 고대 이집트 사람들이 처음 썼다고 해.** 옛날 이집트 사람들 정말 똑똑하지?

이과티콘의 탄생 2

33 왜 맘대로 없어지는 거야! 어휴 정말~ '증발'

➡ 빨래하고 널어두는 것을 깜빡했지 뭐야. 옷 냄새를 맡아보니 고약한 냄새가 나더라고. 어휴 정말~ 미루지 말고 바로바로 널어야지!

아침에 컵에 물을 담았는데, 마시는 걸 깜빡하고 학교에 갔지 뭐야. 수업이 끝나고 집에 돌아오니까… 이럴 수가! 물이 조금 사라진 거 있지? 학교에 있을 때 누가 몰래 와서 물을 마셨나봐!

아니, 사실 물은 증발한 거야. **증발은 액체 표면의 분자가 기체로 변하는 현상을 뜻해.** 널어두었던 빨래가 마르는 것도 증발이 일어나기 때문이야.

증발이 잘 일어나기 위해서는 어떻게 해야 할까? 빨래를 말릴 때를 생각하면 쉬워. 온도가 높고 바람이 불수록 증발이 잘 일어나. 또 습할 때보다 건조할 때 잘 일어나고, 공기와 만나는 표면적이 넓을수록 잘 일어나.

표면적이 넓다는 게 무슨 뜻이냐고? 빨래를 뭉쳐서 널 때보다 쫙쫙 펴서 널 때 증발이 더 잘 일어난다는 거야!

34 추우니까 붙어 있자 '응고'

응! GO!!

➡ 조금 전에 증발에 대해서 알아봤지.
그럼 이제 응고에 대해 알아볼까? 응! GO~~~~~

추운 겨울날, 눈이 내리고 지붕이나 자동차 번호판 아래를 살펴보면 고드름을 볼 수 있어. 고드름은 떨어지는 물이 막대기처럼 언 얼음이야.

물질이 액체 상태에서 고체 상태로 변하는 현상을 응고라고 해. 추워지면 옆에 있는 친구랑 붙어 있으려고 하지? 그럼 따뜻해지니까. 마찬가지로 액체 분자들도 온도가 낮아지면 서로 가까워져. 어느 정도 가까워지면 응고가 일어나. 액체 분자들이 한곳에 모이기 때문에 부피는 전보다 작아지게 돼.

하지만 특이하게도 물은 응고했을 때 부피가 커져. 물 분자들은 너무 가까이 있는 걸 싫어하거든. 그래서 팔을 좌우로 벌리고 간격을 넓혀. 그러니까 페트병에 물이나 주스를 가득 채우고 냉동실에 넣으면 터질 수도 있어! 주스를 얼려서 먹고 싶을 때는 꽉 채우지 말고, 조금의 공간은 남겨둬!

35 자연이 만든 아름다운 보석 '결정'

결정했다!

→ 오늘 저녁은 뭐 먹을까? 치킨? 피자? 그래 결정했다!
눈을 감고 가장 먼저 떠오르는 걸 먹어야지.

겨울에 내리는 눈은 무슨 모양일까? 동그란 모양? 아니야. 눈을 자세히 보면 아주 아름답게 생겼어. 하나하나 모양이 달라서 보는 재미까지 있어.

눈 알갱이는 작은 입자들이 규칙적으로 배열되어 있어. 이런 물질을 결정이라고 해. 대표적으로 눈, 소금, 다이아몬드 등이 있어. 구리와 철 같은 대부분의 금속도 결정으로 되어 있어.

유리도 아름다운 모습을 가지고 있지? 그래서 많은 사람이 유리를 결정이라고 착각하고는 해. 하지만 유리는 결정이 아니야. 유리를 아주 자세하게 보면 입자들이 불규칙하게 배열되어 있거든. 결정은 오직 입자들이 규칙적일 때만! 그러니 겉모습만 보고 판단하면 안 된다고!

돋보기나 스마트폰 카메라를 이용하면 눈결정을 좀 더 자세히 볼 수 있어!

36 물이 얼어버리는 온도라고요 '영하'

안영하세요

 → "안녕하세요." 어른들을 만날 때면 배꼽 인사~ 그런데 어른이 100명 있으면 100번 인사해야 할까? 으음… 글쎄, 크고 우렁차게 한 번만 해도 되지 않을까?

뉴스가 끝나갈 때쯤 날씨 예보가 나오면서 "내일 날씨는 영하로 내려갈 것으로 보입니다", "최고 기온이 영상 40도를 넘을 것으로 보입니다"라는 말이 나오지? 여기서 영상과 영하는 무슨 뜻일까?

뜨겁거나 차가운 정도를 온도라고 하고, 공기 온도를 기온이라고 불러. 기온을 포함한 온도를 알기 위해서 사용하는 도구가 바로 온도계야. 온도계를 보면 숫자가 적혀 있어. **이 숫자가 0보다 작으면 영하라고 부르고, 0보다 크면 영상이라고 불러.** 여기서 0은 물이 어는 온도를 뜻해.

밖이 영상 20도면 따뜻할 거야. 반대로 영하 12도면 물도 얼어버릴 만큼 추워. 이제 일기예보를 보면 내일 어떤 옷을 입어야 할지 알 수 있겠지?

37 '실험'
실험 없는 세상은 상상하기도 싫어 싫어

실험 **실험**

 → 감기에 걸리면 콧물과 기침이 계속해서 나와. 무엇보다도 몸이 아프단 말이야!
으으, 감기는 정말 싫어!

1880년대 탄저병은 사람들을 두려움에 떨게 했어. 탄저병은 탄저균이 몸속에 들어와서 걸리는 병인데, 심하면 사망에 이르는 무시무시한 병이야.

많은 과학자가 어떻게 하면 탄저병을 예방할 수 있을지 고민하고 있었어. 그러던 어느 날, 한 명의 과학자가 탄저균을 약하게 만들어서 동물들에게 주사했어. 완전한 탄저균은 아니어서 주사를 맞은 동물들은 며칠 앓다가 금방 회복할 수 있었어. 그리고 회복한 동물들에게 완전한 탄저균을 주사했는데… 놀랍게도 동물들은 탄저병에 걸리지 않았던 거야!

이런 실험을 거쳐서 백신이라는 치료법을 개발한 과학자가 바로 루이 파스퇴르야! 과학자들이 다양한 실험을 통해 과학적 지식을 발견했기 때문에 우리가 과학을 공부할 수 있는 거야!!

백신을 시험하는 루이 파스퇴르

38 실험실에 내가 없으면 안 되지~ '비커'

비커!

책을 읽어야 하는데 게임이 너무 하고 싶다고?
스마트폰, 게임기, 컴퓨터 다 비켜!!

요리법을 보면 설탕을 몇 숟가락 넣어야 하고, 물을 몇 컵 넣어야 하는지 나와 있지? 잘못하면 맛이 너무 달거나 짜져서 양을 지키는 건 정말 중요해! 실험도 마찬가지야. **정말 복잡한 실험은 겨우 물방울 하나 더 넣었다고 실패해.** 그래서 정확한 실험을 위해 다양한 실험도구가 있어.

그중 하나가 비커야! **비커는 보통 액체를 이용한 실험에서 많이 쓰여.** 비커는 액체가 기울어지지 않도록 바닥이 평평하고, 오리의 부리처럼 삐죽 튀어나와 있는 부분을 이용해서 액체를 쉽게 옮길 수 있어.

비커에 물을 담은 뒤에 더 작은 비커에 물을 옮겨봐. 튀어나온 부분으로는 쉽게 따를 수 있지만, 둥근 부분을 이용하면 물이 주변으로 흐르고 말걸!

39 머리를 누르면 액체가 올라와요 '피펫'

 ➔ 많이 지쳐 있는 사람을 보고 '피폐하다'라고 해. 피폐해지지 않도록 밥도 잘 먹고 운동도 열심히 해야지~~!

많은 양의 액체를 옮길 때는 주로 비커를 쓰지? 그럼 적은 양의 액체를 옮기려면 어떤 도구를 써야 할까? 바로 피펫이야!

처음 들어본다고? 과학실에 있는 스포이트도 피펫의 한 종류야! 피펫의 윗부분에는 고무가 달려 있고, 그 아래로 액체를 담을 수 있는 유리관이 있어. 피펫을 사용하려면 옮기고 싶은 액체에 유리관을 담그고, 고무를 눌렀다가 떼면 액체가 유리관을 타고 올라와. 다시 누르면 반대로 액체가 내려가! 이렇게 피펫을 이용하면 액체를 원하는 곳으로 옮길 수 있어.

하지만 조심해야 해. 액체를 너무 많이 담으면 고무에 닿아서 액체가 오염되거나 고무마개가 상할 수도 있어. 그러니 옮길 양이 많더라도 적당히 여러 번 반복해서 옮기는 게 좋아!

피펫(스포이트) 사용 방법

눌러서 공기를 뺀 채로 액체에 갖다 대고,

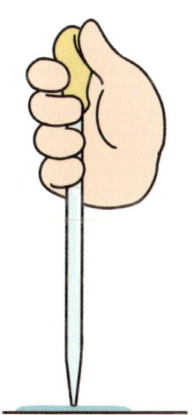

놓으면 액체가 피펫 안으로 들어옵니다.

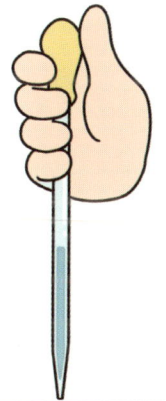

40
불을 사용할 때는 항상 조심!
'알코올램프'

알코올~!

→ 불을 사용할 때는 정말 조심해야 해. 불은 유용하면서도 매우 위험해. 그러니 어른들과 함께 사용하기, 콜?

실험실에서 가열해야 할 때는 어떤 도구를 쓸까? 바로 알코올램프야. 이름이 알코올램프니까 당연히 알코올이 들어 있겠지?

알코올은 두 종류가 있어. 하나는 에탄올이고 다른 하나는 메탄올이야. 에탄올은 주사를 맞기 전 피부를 소독할 때나 손 소독제를 만들 때 쓰여. 알코올램프에는 메탄올이 들어 있는데, 메탄올은 에탄올과 달리 독성이 있어! 그래서 알코올램프 냄새를 가까이에서 맡거나 액체를 만지면 안 돼.

알코올램프를 사용하려면 뚜껑을 열고, 옆에서부터 스치듯이 불을 붙여야 해. 뚜껑을 닫으면 불을 끌 수 있어. 하지만 뚜껑을 닫고 난 뒤에 다시 열어서 불이 잘 꺼졌나 꼭 확인해야 해!

41 사이다는 산일까 염기일까? '리트머스'

➡ '머쓱하다'는 부끄럽고 민망하다는 뜻이야. 친구인 줄 알고 인사했는데 알고 보니 닮은 사람이었네. 머쓱~~

아이셔!! 레몬은 너무 셔서 생각하기만 해도 입에 침이 고여! 레몬이 신 이유는 수소이온을 내놓기 때문이야. 레몬처럼 물에 녹았을 때 수소이온을 내는 물질을 산이라고 불러. 그럼 산의 반대는 뭘까? 바로 염기야. 베이킹파우더나 비누가 바로 염기성 물질이야.

산성인지 염기성인지는 pH(수소이온농도지수)로 알 수 있어. pH는 0부터 14까지의 수야. 물은 pH7이고 7보다 작으면 산성, 7보다 크면 염기성이라고 해. 산성인 레몬의 pH는 3이고, 비눗물의 pH는 10이야.

그럼 사이다는 산성일까 염기성일까? 리트머스 종이를 이용하면 알 수 있어. 리트머스 종이는 파란색과 붉은색이 있어. 파란 종이에 산성 용액을 떨어트리면 붉은색으로 변하고, 붉은 종이에 염기성 용액을 떨어트리면 파란색으로 변해. 사이다는 산성이니까 파란 종이에 떨어트리면 붉게 변할 거야!

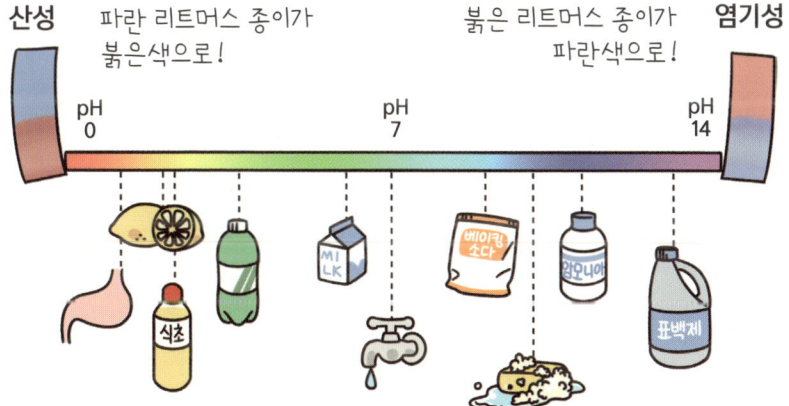

여러가지 물질의 pH

42 흙을 거를 수 있어요 '거름종이'

거릅니다

➡ 건강해지려면 건강하게 먹어야지!
탄산음료? 거릅니다~ 라면? 거릅니다~

과학실에서 장난을 치고 있는데… 이런!! 실험하려고 받아둔 물에 화분이 떨어져서 흙이 섞여버렸네. 어떻게 하면 좋을까?

이럴 땐 거름종이를 이용하면 돼. **거름종이는 겉보기에는 그냥 종이지만 아주 작은 구멍들이 엉켜 있는 특수한 종이야.** 그래서 물은 거름종이를 통과할 수 있지만, 흙은 통과할 수 없어.

거름종이를 부채처럼 접은 뒤에 흙탕물을 천천히 부으면 맑은 물을 얻을 수 있어. 하지만 실험에 쓰기 위한 물이라면 거름종이를 사용하기보다는 새로 받는 게 더 좋을 거야. 물론 과학 선생님께 꾸중은 듣겠지만!

과학자의 재미있는 일화: 다윈

진화론을 정립한 생물학자 찰스 다윈

찰스 다윈

어렸을 때는 눈에 보이는 모든 식물의 이름을 알아내려 했고

도장, 조개, 동전 수집을 좋아하던 다윈.

다윈은 성인이 되어서까지 공부에는 영 관심을 갖지 않았다.

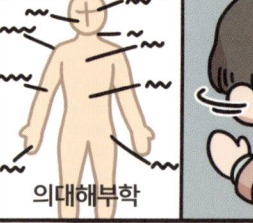

의대해부학

웩! 재미 없어!

그의 아버지는 그가 성직자라도 되었으면 해서 대학에 보냈지만

흐음...

다윈은 성직자 공부에도 관심이 없고 딱정벌레 수집에 재미를 들였다고 한다.

역시 이게 재밌지~!

하루는 처음 보는 딱정벌레를 두 마리나 발견!

오

한 손에 한 마리씩 잡고 가는데

43 생각으로 몸을 움직여요 '대뇌'

잘 안대뇌

➡ 잘 안 되네… 하지만 처음부터 잘하기는 힘들어! 열심히 노력하다 보면 언젠가 잘하게 될 거라고!

지금까지 이 책에 있는 글을 읽고, 이해할 수 있었던 건 모두 대뇌 덕분이야! '배고프다', '지우개로 지워야겠다'라는 생각은 모두 대뇌에서 하고 있어. 그 덕에 우리는 밥을 먹을 수 있고, 잘못 쓴 글씨를 고칠 수 있어.

대뇌의 왼쪽은 좌뇌라고 부르고, 오른쪽은 우뇌라고 불러. 신기한 사실은 좌뇌가 오른쪽 몸을 담당하고, 우뇌가 왼쪽 몸을 담당한다는 거야. 왼발을 움직이는 건 우뇌고 오른팔을 움직이는 건 좌뇌라는 뜻이야!

그러면 왼손잡이는 우뇌를 많이 쓰고, 오른손잡이는 좌뇌를 많이 쓰겠지? 오잉?! 그렇다면 양손잡이는 모든 뇌를 다 쓰니까 엄청나게 똑똑하려나?

44 빛에 따라 동공을 조절해요 '중뇌'

아이고 나중뇌

→ '아이고 나 죽네~ 아이고 나 죽어~' 엄살이 심한 친구가 주변에 꼭 있지? 그런 친구들은 아프지 않게 간지럽히자고.

눈을 보면 흰 부분과 어두운 부분이 있지? 어두운 부분을 자세히 보면 가운데 검은 점이 있을 거야. 그곳을 동공이라고 불러.

동공은 어두운 곳에 있을 때 커지고 밝은 곳에 있을 때 작아져. 작아지는 게 안 느껴진다고? 당연해. 왜냐하면 동공을 조종하는 건 대뇌가 아니거든! 대뇌가 생각과 움직임을 담당하는 부분이라고 앞에서 말했지? 동공은 중뇌가 움직이기 때문에 우리가 인식하기 힘들어. 그렇다면 왜 그럴까?

동공의 크기 조절은 아주 세밀하고 중요한 작업이야. 만약에 우리가 스스로 동공을 조절해야 한다면 빛이 달라질 때마다 눈에 집중해서 동공을 미세하게 조정해야 해. 어휴, 생각만 해도 너무 복잡하지? 그래서 우리 몸은 동공 조절을 자동 모드로 해둔 거야!

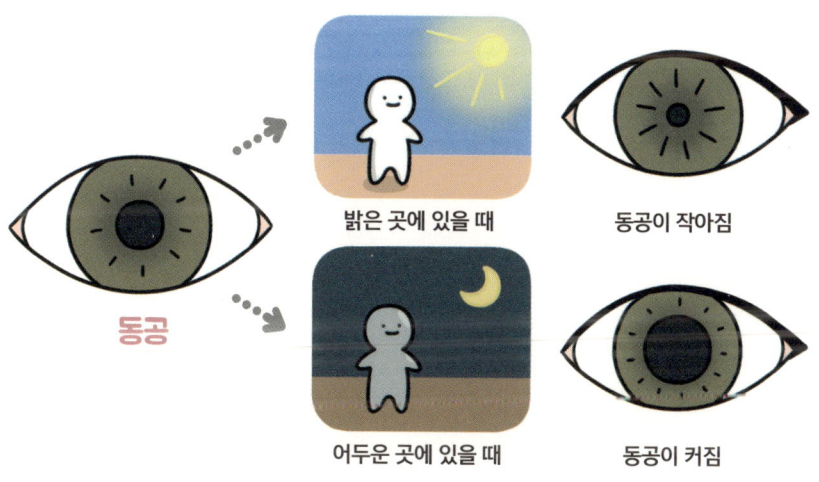

45 키를 크게 해준다고? 시상에나! '시상'

시상에나!

➡ 세상에나! 뇌는 생각을 하는 기관이라고 알고 있었는데, 생각 말고도 뇌가 하는 일이 아주 많잖아?!

우리 몸이 일정한 온도(37도)를 유지할 수 있는 건 모두 간뇌 덕분이야. 간뇌는 뇌의 한 부분으로, 시상과 시상하부로 이루어져 있어.

시상하부는 호르몬을 이용해서 여러 기관에 명령을 내려. 시상하부가 내보내는 호르몬 중에는 체온을 조절하기 위한 티록신과 키가 클 때 나오는 성장호르몬 등이 있어.
그런데 호르몬이 뭐냐고? 호르몬은 몸에서 쓰이는 메시지라고 생각하면 돼.

우리가 스마트폰으로 친구에게 메시지를 보내는 것처럼, 시상하부가 성장호르몬이라는 메시지를 혈관을 통해 뼈에 보내. 그러면 뼈가 '키 커!'라는 메시지를 읽고 명령을 수행하는 거야!

뇌를 알아보자!

혼자 모든 걸 하는 줄 알았지?
사실 '뇌'는 팀 이름이야!
지금부터 우리 팀원들을 소개할게~

중뇌
나는 눈을 조절해.

소뇌
몸의 균형을 유지하는 건 내 특기야~

척수
나는 뇌에서 내리는 명령을 온몸으로 전달해!

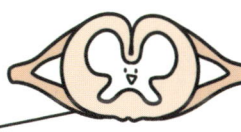

네 네

와~ 모두 하는 일이 다르네?

46 '심장'
넷이 모여 혈액을 운반해요

의미심장—

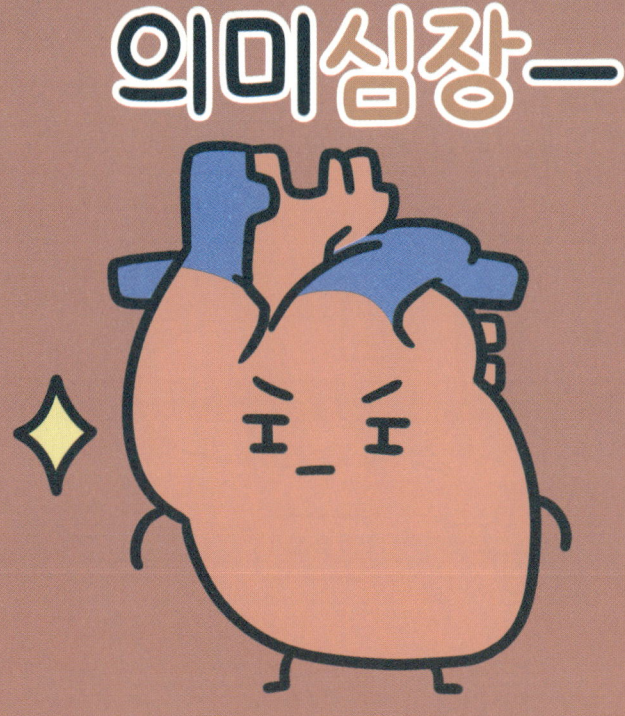

 ➔ 의미심장은 뜻이 매우 깊다는 뜻이야. 옛날 사람들은 심장을 정신 활동이 일어나는 곳이라고 생각했어. 나중에 심장이 아니라 뇌라고 밝혀졌지만, 여전히 심장은 중요하다고!

심장은 우리 몸에서 가장 중요한 부분이야. 몸 안의 모든 세포에 필요한 영양분을 보내주고, 노폐물도 운반해줘. 그래서 심장은 쉴 틈 없이 움직이는데, 하루에 십만 번도 넘게 뛰어!

심장에는 네 개의 공간이 있는데, 위의 두 부분은 작은 공간이고 아래 두 부분은 큰 공간으로 되어 있어. 보통 큰 공간을 시청각실, 거실처럼 '~실'이라고 부르고, 작은 공간을 옷방, 내 방처럼 '~방'이라고 부르지?

심장도 마찬가지야. 위의 작은 공간은 심방이라고 부르고, 아래의 큰 공간은 심실이라고 불러. 왼쪽에 있으면 좌! 오른쪽에 있으면 우! 그래서 심장을 좌심실, 좌심방, 우심실, 우심방 이렇게 네 부분으로 나누고 있어.

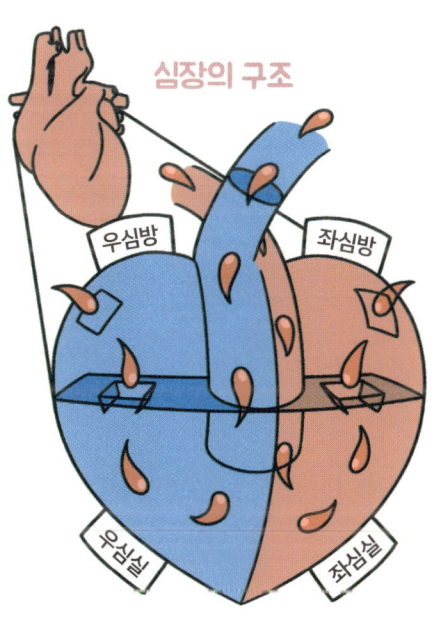

심장의 구조

심장의 네 부분은 서로 힘을 합쳐서 혈액을 온몸으로 이동시켜. 지치지도 않고 말이야! 역시 힘을 합치면 어떤 힘든 일도 해낼 수 있어!

47 이건 무슨 소리일까? '고막'

그렁고막

 ➡ 친구가 말을 할 때면 공감을 하면서 들어줘야 해. '그렇구나~' 하고 말이야!

소리는 떨림이야.
탬버린을 치면 방울이 흔들리지? 방울이 흔들리면 주변의 공기도 함께 흔들리게 돼. 그러면 공기의 흔들림이 귀에 전해지고, **귀의 안쪽에 있는 고막이라는 막이 흔들리면서 소리를 알아차리게 되는 거야.**

물속에서도 소리를 들을 수 있는데, 아주 가까이 있을 때만 들려. 왜냐하면 물이 계속 흔들려서 소리를 전달하기 어렵거든.

그럼 우주에서는 어떨까? **우주는 소리를 전달해줄 공기나 물과 같은 매질이 없어서 소리를 듣지 못해.** 그래서 우주 비행사들은 의사소통을 위해서 전파를 이용하고 있어.

48 소중한 공기의 통로 '폐'

폐를 끼쳐 죄송합니다

 ➡ 다른 사람에게 잘못했을 때 '폐를 끼쳤다'라고 해. 그동안 폐가 얼마나 많은 잘못을 했길래 폐를 끼쳤다고 하는 걸까?

혹시 숨을 얼마나 참을 수 있어? 1분도 참기 힘들 거야. 왜냐하면 우리가 살아가기 위해서는 산소가 꼭 필요하거든! 폐는 우리 몸에 산소를 공급해줘. 숨을 들이마시면 산소가 폐로 들어가고, 내쉬면 이산화탄소가 나가. 숨을 크게 들이마시면 폐에 공기가 차는 게 느껴지지? 폐는 근육이 없어서 갈비뼈와 횡격막의 도움을 받아 움직여.

몇 가지 재료만 있으면 폐 모형을 만들어서 실험해볼 수 있어! 어른들과 함께 만들어볼까?

실험방법

준비물: 가위, 꺾이는 빨대 2개, 플라스틱 컵, 송곳, 풍선, 물풍선 2개, 고무찰흙, 테이프

❶ 플라스틱 컵 바닥의 중심 부분을 송곳으로 뚫어주세요.

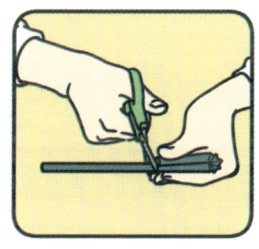

❷ 빨대의 꺾인 면을 접은 후 접힌 쪽 길이가 비슷하도록 가위로 잘라주세요.(2개 제작).

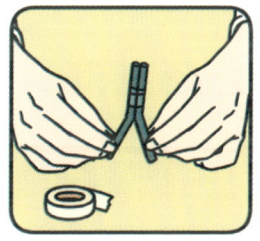

❸ 빨대를 그림과 같이 테이프로 고정시키고 아래 부분을 벌려주세요.

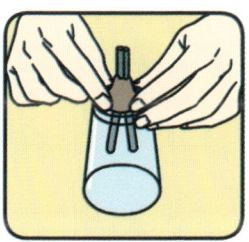

❹ ❶의 컵에 빨대를 끼우고 고무찰흙으로 구멍 주위를 꼼꼼히 막아주세요.

❺ 컵 안의 빨대를 양쪽으로 벌리고 각 빨대에 물풍선을 꽂아주세요(물풍선은 미리 수도꼭지에 끼우고 물을 넣어 충분히 늘려주세요).

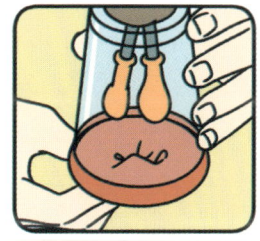

❻ 큰 풍선의 입구를 조금 잘라내고 컵 입구를 감싸도록 끼워주세요. 풍선을 아래로 잡아당겼다 놓으며 물풍선의 크기 변화를 관찰해 보세요.

49 우리 몸의 척척박사 '간'

➔ 모든 일에 열심히 참여하는 사람들을 보면 정말 멋있어. 어려운 일에 내가 먼저 한다고 말해보면 어떨까? 내가 간다!!!

우리 몸에서는 암모니아와 같은 독성물질이 만들어지기도 해. 몸 안에 독성물질이 있으면 큰일 나겠지? **그래서 간이 암모니아를 요소라는 안전한 물질로 바꿔줘.**

또한 간은 영양분을 저장하는 냉장고이기도 해. 초콜릿이 맛있다고 해도 한 번에 100개는 먹을 수 없으니까 먹고 남으면 냉장고에 넣어 두잖아. 이처럼 몸에 영양분이 많으면 버리는 게 아니라, 간에 저장해서 필요할 때마다 사용하는 거야.

간은 방금 말한 두 기능 말고도 하는 일이 많아. **소화를 도와주기도 하고, 피가 났을 때 출혈을 막기도 해.** 정말 다재다능하지?!

50 소화의 마지막 관문! '소장'

내 마음속에 소·장 ♡

→ '소장'은 간직한다는 뜻이기도 해. '목걸이를 소장한다'처럼. 하지만 우리 몸속의 소장은 영양분을 혼자 간직하지 않고, 온몸의 세포에 나눠 줘! 나눔을 실천하는 소장 정말 멋있어~

소장은 음식물을 잘게
부수는 과정인 소화가
일어나는 마지막 장소야.
소장의 안쪽에는 많은 돌기가
있어. 이렇게 돌기가 많으면
표면적이 넓어져서 영양분을 잘
흡수할 수 있어.

소장으로 흡수된 영양분은
두 가지 길 중 하나를
따라가. 먼저 물에 잘 녹는
수용성 영양분은 모세혈관으로,
그리고 지방으로 되어 있는
지용성 영양분은 암죽관으로
이동해.

영양분은 어느 쪽으로
가도 결국 심장에 도착해.
그러면 심장은 들어온 영양분을
온몸으로 내보내. 드디어 배고픈
세포들이 밥을 먹을 수 있어!

51 대장! 마지막 찌꺼기가 들어왔습니다! '대장'

→ 대장은 진짜로 장기들의 대장이라고 할 수 있어! 똥을 만드는 더럽고 힘든 일을 꿋꿋이 하다니, 진정한 대장 아니겠어? 멋있어, 대장~~~

대장은 소장에서 소화를 끝내고 남은 음식물 찌꺼기들이 몸 밖으로 나가는 통로야. 대장을 지나가는 동안 음식물 찌꺼기에 남은 물과 영양분을 대장이 흡수하는데, 세균이 이를 도와줘.

몸속에 세균이 있으면 위험하지 않냐고? 이 세균들은 좋은 세균이라서 괜찮아! **대장에 살고 있는 세균들은 음식물 찌꺼기를 발효시키고 분해해줘.** 그러면서 메탄, 수소, 탄산가스 등이 만들어지고, 음식물 찌꺼기는 마지막으로 똥으로 바뀌게 돼.

음식물 찌꺼기는 12시간에서 하루 정도 대장을 거치면서 몸 밖으로 나갈 준비를 해. 그리고 밖으로 나오면? 응, 맞아! 엄청 시원하지~~

52 정자와 만나면 아기가 돼요 '난자'

난 자러간당

 → 밤에 문자를 보내는 친구가 있어서 늦게 잔다고? 그럼 그 친구에게 '난 자러 간다. 늦게 자면 키가 안 큰대.'라고 하고 일찍 자면 되지.

아기는 어떻게 태어날까? 엄마의 몸에는 난자라는 세포가 있는데, 난자는 눈으로 볼 수 있을 정도로 아주 큰 세포야.

난자는 수란관에 있다가 아빠의 세포인 정자와 만나 수정란이 돼. 난자가 수정란이 되면 수란관에서 자궁으로 이동해. 그리고 자궁에서 열 달 동안 있으면 아기가 되는 거야! 물론 가만히 있으면 아기가 될 수 없어. **수정란은 자궁에 있으면서 세포분열을 통해 세포 수를 늘려.** 하나였던 세포가 나중에는 셀 수 없이 많아져.

세포가 충분해지면 한쪽의 세포들이 모여서 코를 만들고, 다른 쪽의 세포들이 모여서 손을 만들어. **이런 과정을 발생이라고 불러.** 발생이 끝나면 비로소 우리가 아는 귀여운 아기가 되는 거야. 복잡해 보이지만 우리도 모르는 사이에 이미 다 경험했어!

과학자의 재미있는 일화: 뉴턴

이과티콘 총집합!

모두 모여라!!!

이과티콘 과학 편

01 뭔가 수성한데

02 눈물이 금성금썽

03 5지구요

04 화났성?

05 그러면 목성~~

06 불만 토성이야

07 나 온천왕성

08 사랑해왕성	09 그런 짓을 왜행성	10 우주 플리즈~?

11 허블나구만!!	12 해해	13 달달하네

14 참! 잘혜성요	15 별로…	16 지각이다

17 맨틀 붕괴	18 해액?!	19 기권….

20 침대 중력 5g네	21 구원자	22 해피 헬륨원~

23  탄소를 탄소

24  망했네온

25  철철철

26  구리다.

27  그럴 수은 없어

28  인정

29  동위? 어 원소~

30  휴 자연수러웠다

31  홀짝...홀짝...

32  분수쇼

33  어휴 증발~

34  응! GO!!

35  결정 했다!

36  안영하세요

37  실험 실험

38 비커! 	39 피―펫… 	40 알코올~! 
41 리트머쓱;; 	42 거릅니다 	43 잘 안대뇌 
44 아이고 나중뇌 	45 시상에나! 	46 의미심장— 
47 그렁고막 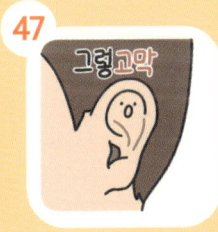	48 폐를 끼쳐 죄송합니다 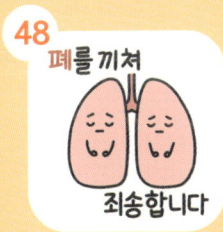	49 내가 간다!!! 
50 내 마음속에 소·장♥ 	51 내가 대장이다! 	52 난 자러간당 

책을 마치며

강의 시간에 그렸던 작은 낙서가 이모티콘이 되고 책이 되었네요! 도움 주신 모든 분에게 감사드립니다.

새로운 사실을 알아가는 것은 너무나 재미있죠! 특히나 내가 궁금해하는 것을 알아갈 때는 그 즐거움이 배가 됩니다. 세상에는 다양한 사람이 있습니다. 살아온 환경이나 생김새, 좋아하는 것 등이 완전히 같은 사람은 없으니까요. 사람들은 각자가 좋아하는 것, 하고 싶은 것을 따라 살아가고 있어요. 어떤 사람은 비행기가 좋아서 승무원이 되고, 어떤 사람은 옛날 사람들이 어떻게 살았는지 궁금해서 역사학자가 되기도 하죠.

이렇게 사람들은 여러 갈래의 길에서 자신이 하고 싶은 일을 선택한답니다. 그 덕분에 우리의 삶은 더욱 좋아졌어요. 한번 생각해보세요. 아무도 전자기기를 좋아하지 않았다면 세상에 스마트폰은 없었을 거고, 아무도 글쓰기를 좋아하지 않는다면 책은 없었을 거예요.

이 책은 과학과 수학에 관련된 이야기를 담았지만, 아직 세상에는 재미있는 이야기들이 많이 남아 있답니다. 여러 사람의 이야기를 들어보세요. 어떻게 그 많은 사람을 다 만나냐고요? 직접 만나지 않아도 책이나 다큐멘터리, 뉴스 등을 통해서 이야기를 들을 수 있어요. 이 책을 통해서 저희와 만난 것처럼요!

그러다 보면 어떤 것을 알아가는 것이 재미있다고 느낄 수 있답니다. 자동차가 될 수도 있고, 시가 될 수도 있고, 공룡이 될 수도 있겠죠. 그렇게 재미있는 것을 계속 탐구하다 보면 훗날 여러분이 관련된 일을 하고 있을 수도 있어요. 이 책을 읽은 여러분이 나중에 멋있는 과학자나 수학자가 될 수 있는 것처럼요!

1판 1쇄 펴낸날 2020년 6월 2일
1판 5쇄 찍은날 2025년 7월 10일

글 | 몽구
그림 | 메밀
펴낸이 | 정종호
펴낸곳 | 청어람e

책임편집 | 김상기
마케팅 | 강유은·박유진
제작·관리 | 정수진
인쇄·제본 | (주)성신미디어

등록 | 1998년 12월 8일 제22-1469호
주소 | 04045 서울시 마포구 양화로 56, 1122호
이메일 | chungaram_e@naver.com
전화 | 02-3143-4006~8
팩스 | 02-3143-4003

ISBN 979-11-5871-136-8 73400

잘못된 책은 구입하신 서점에서 바꾸어 드립니다.
값은 뒤표지에 있습니다.

청어람e))는 미래세대와 함께하는 출판과 교육을 전문으로 하는 청어람미디어의 브랜드입니다.
어린이, 청소년 그리고 청년들이 현재를 돌보고 미래를 준비할 수 있도록 즐겁게 기획하고 실천합니다.

품명: 아동도서 | 사용연령: 8세 이상
제조국명: 대한민국 | 제조년월: 2025년 7월 | 제조자명: 청어람미디어
전화번호: 02-3143-4006 | 주소: 04045 서울시 마포구 양화로 56, 1122호
종이에 베이거나 긁히지 않도록 조심하세요.
책 모서리가 날카로우니 던지거나 떨어뜨리지 마세요.
KC마크는 이 제품이 공통안전기준에 적합하였음을 의미합니다.